Boileau
Y 5773 (Réserve)
#.A.

Y.f.   4166.

LES FACHEVX

COMEDIE,

DE I. B. P. MOLIERE.

REPRESENTEE SVR LE
Theatre du Palais Royal.

A PARIS,

Chez GVILLAVME DE LVYNE, Libraire Iuré, au Palais, dans la Sale des Merciers, à la Iustice.

M. DC. LXII.
AVEC PRIVILEGE DV ROY.

AV ROY.

IRE,

I'adjouste vne Scene
à la Comedie, & c'est

ã ij

EPITRE.

vne espece de Fascheux assez insuportable, qu'vn homme qui dedie vn Liure. VOSTRE MAIESTÈ en sçait des nouuelles plus que personne de son Royaume, & ce n'est pas d'aujourd'huy qu'elle se voit en Bute à la furie des Epistres dedicatoires. Mais bien que ie suiue

EPISTRE.

l'exemple des autres, & me mette moy-mesme au rang de ceux que i'ay ioüez, i'ose dire toutefois à Vostre Maiesté, que ce que i'en ay fait, n'est pas tant pour luy presenter vn Liure, que pour auoir lieu de luy rendre grace du succés de cette Comedie. Ie le

EPISTRE.

dois, SIRE, ce succés, qui a passé mon attente, non seulement à cette glorieuse approbation, dont Vostre Maiesté honnora d'abord la Piece, & qui a entraisné si hautement celle de tout le monde; mais encore à l'ordre qu'elle me donna d'y adjouster un ca-

EPISTRE.

ractere de Fascheux, dont elle eut la bonté de m'ouurir les idées elle-mesme, & qui a esté trouué par tout le plus beau morceau de l'Ouurage. Il faut auouër SIRE, que ie n'ay iamais rien fait auec tant de facilité, ny si promptement, que cét endroit, où VOSTRE

EPISTRE.

Maiesté me commanda de trauailler. I'auois vne ioye à luy obeir, qui me valoit bien mieux qu'Apollon, & toutes les Muses ; Et ie conçois par là ce que ie serois capable d'executer pour vne Comedie entiere, si i'estois inspiré par de pareils commandemens.

EPISTRE.

Ceux qui sont nez en vn rang éleué, peuuent se proposer l'honneur de seruir Vostre Maiesté dans les grās emplois; mais pour moy, toute la gloire où ie puis aspirer, c'est de la réjoüir. Ie borne là l'ambition de mes souhaits; & ie croy qu'en quelque façon ce n'est

EPISTRE.

pas estre inutile à la France, que de contribuër quelque chose au diuertissement de son Roy. Quand ie n'y réussiray pas, ce ne sera iamais par vn defaut de zele, ny d'estude; mais seulement par vn mauuais destin, qui suit assez souuent les meilleures intentions,

EPISTRE.

& qui sans doute afligeroit sensiblement,

SIRE,

De Vostre Majesté.

> *Le tres-humble, tres-obeïssant, & tres-fidelle serviteur & subjet,*
> **J. B. P. MOLIERE.**

JAMAIS entreprise au Theatre ne fut si precipitée que celle-cy; & c'est vne chose, ie croy, toute nouuelle, qu'vne Comedie ait esté conceuë, faite, apprise, & representée en quinze iours. Ie ne dis pas cela pour me piquer de *l'impromptu*, & en pretendre de la gloire; mais seulement pour preuenir certaines gens, qui pourroient trouuer à redire, que ie n'aye pas mis icy toutes les especes de Fâcheux, qui se trouuent. Ie sçay que le nombre en est grand, & à la Cour, & dans la Ville, & que sans Episodes, i'eusse bien pû en composer vne Comedie de cinq Actes bien fournis, & auoir encor de la matiere de reste. Mais dans le peu de temps qui me fut donné, il m'estoit impossible de faire vn grand dessein, & de resver beaucoup sur le choix de mes Personnages, & sur la disposition de mon sujet. Ie me reduisis donc à ne toucher qu'vn petit nombre d'Importuns; & ie pris ceux qui s'offrirent d'abord à mon esprit, & que ie creus les plus propres à réjoüir les augustes personnes deuant qui i'auois à paroistre; & pour lier promptement toutes ces choses ensemble, ie me seruis du premier nœud que ie pus trouuer. Ce n'eſt pas mon deſſein d'examiner maintenant ſi tout cela pouuoit eſtre mieux, & ſi tous ceux qui s'y ſont diuertis ont ry ſelon les regles: Le temps viendra de faire imprimer mes remarques ſur les Pieces que i'auray faites; & ie ne deſeſpere pas de faire voir vn iour, en grand Autheur, que ie puis citer Ariſtote, & Horace. En attendant cet examen, qui peut-eſtre ne viendra point, ie m'en remets aſſez aux deciſions de la multitude; & ie tiens auſſi difficile de combattre vn Ouurage que le public approuue, que d'en deffendre vn qu'il condamne.

Il n'y a perfonne qui ne fçache pour quelle réjoüiffance la Piece fut compofée, & cette fefte a fait vn tel éclat, qu'il n'eft pas neceffaire d'en parler; mais il ne fera pas hors de propos de dire deux paroles des ornemens qu'on a meflez auec la Comedie.

Le deffein eftoit de donner vn Ballet auffi; & comme il n'y auoit qu'vn petit nombre choifi de Danceurs excellens, on fut contraint de feparer les Entrées de ce Ballet, & l'auis fut de les jetter dans les Entre-Actes de la Comedie, afin que ces interualles donnaffent temps aux mesmes Baladins de reuenir sous d'autres habits. De sorte que pour ne point rompre aussi le fil de la Piece, par ces manieres d'intermedes, on s'auisa de les coudre au sujet du mieux que l'on put, & de ne faire qu'vne seule chose du Ballet, & de la Comedie: mais comme le temps estoit fort precipité, & que tout cela ne fut pas reglé entierement par vne mesme teste, on trouuera peut-estre quelques endroits du Ballet, qui n'entrent pas dans la Comedie aussi naturellement que d'autres. Quoy qu'il en soit, c'est vn meslange qui est nouueau pour nos Theatres, & dont on pourroit chercher quelques authoritez dans l'Antiquité; & comme tout le Monde l'a trouué agreable, il peut seruir d'idée à d'autres choses, qui pourroient estre meditées auec plus de loisir.

D'abord que la toille fut leuée, vn des Acteurs, comme vous pourriez dire moy, parut sur le Theatre en habit de Ville, & s'adressant au Roy auec le visage d'vn homme surpris, fit des excuses en desordre sur ce qu'il se trouuoit là seul, & manquoit de temps, & d'Acteurs pour donner à sa Majesté le diuertissement qu'elle sembloit attendre. En mesme temps, au milieu de vingt jets d'eau naturels, s'ouurit cette coquille, que tout le monde a veuë; & l'agreable Nayade qui parut dedans s'auança au bord du Theatre, & d'vn air heroïque prononça les Vers, que Monsieur Pelisson auoit faits, & qui seruent de Prologue.

PROLOGVE.

POur voir en ces beaux lieux le plus grand Roy du Monde,
Mortels ie viens à vous de ma grotte profonde.
Faut-il en sa faueur, que la Terre ou que l'Eau
Produisent à vos yeux vn spectacle nouueau?
Qu'il parle, ou qu'il souhaitte: Il n'est rien d'impossible:
Luy-mesme n'est-il pas vn miracle visible?
Son regne si fertile en miracles diuers,
N'en demande-t-il pas à tout cet Vniuers?
Ieune, Victorieux, Sage, Vaillant, Auguste,
Aussi doux que seuere, aussi puissant que iuste,
Reigler, & ses Estats, & ses propres desirs,
Ioindre aux nobles trauaux les plus nobles plaisirs,
En ses iustes projects iamais ne se méprendre,
Agir incessamment, tout voir, & tout entendre;
Qui peut cela, peut tout; il n'a qu'à tout oser;
Et le Ciel à ses vœux ne peut rien refuser.
Ces Termes marcheront, & si Louis l'ordonne
Ces Arbres parleront mieux que ceux de Dedone.
Hostesses de leurs troncs, moindres Diuinitez,
C'est Louis qui le veut, sortez Nymphes, sortez;

Je vous monſtre l'exemple, il s'agit de luy plaire, *Pluſieu*
Quittez pour quelque tẽps voſtre forme ordinaire, *Driade*
Et paroiſſons enſemble aux yeux des ſpectateurs, *accõpa*
Pour ce nouueau Theatre, autãt de vrais Acteurs. *gnées*
Vous, Soin de ſes ſujets, ſa plus charmante eſtude, *Faunes*
Heroïque ſoucy, Royale inquietude, *de Saty*
Laiſſez-le reſpirer, & ſouffrez qu'vn moment *ſortẽt*
Son grand cœur s'abandonne au diuertiſſement : *Arbres*
Vous le verrez demain d'vne force nouuelle *des Te*
Sous le fardeau penible, où voſtre voix l'appelle, *mes.*
Faire obeïr les Loix, partager les bien-faits,
Par ſes propres conſeils preuenir nos ſouhaits,
Maintenir l'Vniuers dans vne paix profonde,
Et s'oſter le repos pour le donner au monde.
Qu'aujourd'huy tout luy plaiſe, & ſemble cõſentir
A l'vnique deſſein de le bien diuertir.
Faſcheux retirez-vous ; ou s'il faut qu'il vous
 voye,
Que ce ſoit ſeulement pour exciter ſa ioye.

 La Nayade emmenne auec elle, pour la Comedie, vne partie des gens qu'elle a fait paroiſtre, pendant que le reſte ſe met à danſer au ſon des Hauts-bois, qui ſe ioignent aux Violons.

PERSONNAGES.

ERASTE.
LA MONTAGNE.
ALCIDOR.
ORPHISE.
LYSANDRE.
ALCANDRE.
ALCIPE.
ORANTE.
CLYMENE.
DORANTE.
CARITIDES.
ORMIN.
FILINTE.
DAMIS.
L'ESPINE.
LA RIVIERE, & deux Camarades.

LES FASCHEUX.
COMEDIE.

ACTE PREMIER.
SCENE PREMIERE.
ERASTE, LA MONTAGNE.
ERASTE.

SOvs quel astre, bon Dieu, faut-il que ie sois né,
Pour estre de Fâcheux toûjours assassiné!
Il semble que par tout le sort me les adresse,
Et i'en vois, chaque iour, quelque nouuelle espece.
Mais il n'est rien d'égal au Fâcheux d'aujourd'huy;
I'ay creu n'estre iamais debarassé de luy;

Et, cent fois, i'ay maudit cette innocente enuie
Qui m'a pris à difné, de voir la Comedie,
Où, penfant m'égayer, i'ay miferablement,
Trouué de mes pechez le rude chaftiment.
Il faut que ie te faffe vn recit de l'affaire ;
Car ie m'en fens encor tout efmû de colere.
I'eftois fur le Theatre, en humeur d'écouter
La piece, qu'a plufieurs i'auois ouy vanter ;
Les Acteurs commençoient, chacun preftoit filéce,
Lors que d'vn air bruyant, & plein d'extrauagance,
Vn homme à grans canons eft entré brufquement
En criant, hola-ho, vn fiege promptement ;
Et de fon grand fracas furprenant l'affemblée,
Dans le plus bel endroit a la piece troublée.
Hé mon Dieu ! nos François fi fouuent redreffez,
Ne prendront-ils iamais vn air de gens fenfez,
Ay-ie dit, & faut-il, fur nos defauts extrémes,
Qu'en theatre public nous nous ioüions nous-mef-
     mes,
Et confirmions ainfi, par des éclats de foux,
Ce que chez nos voifins on dit par tout de nous !
Tandis que là deffus ie hauffois les efpaules,
Les Acteurs ont voulu continuer leurs Rôles :
Mais l'homme, pour s'affeoir, a fait nouueau fra-
     cas,
Et trauerfant encor le Theatre à grans pas,
Bien que dans les coftez il puft eftre à fon aife,
Au milieu du deuant il a planté fa chaife,
Et de fon large dos morguant les fpectateurs,
Aux trois quarts du parterre a caché les Acteurs.
Vn bruit s'eft éleué, dont vn autre euft eu honte ;
Mais luy, ferme, & conftant, n'en a fait aucun côté ;
Et fe feroit tenu comme il s'eftoit pofé,
Si, pour mon infortune, il ne m'euft auifé.

H 2

COMEDIE. 13

Ha Marquis, m'a-t-il dit, prenãt prés de moy place,
Comment te portes-tu ? Souffre, que ie t'embrasse.
Au visage, sur l'heure, vn rouge m'est monté,
Que l'on me vist connu d'vn pareil euenté.
Ie l'estois peu pourtant, mais on en voit paroistre,
De ces gens qui de rien veulent fort vous cõnoistre
Dont il faut au salut les baisers essuyer,
Et qui sont familiers iusqu'à vous tutoyer.
Il m'a fait, à l'abord, cent questions friuoles,
Plus haut que les Acteurs esleuant ses paroles.
Chacun le maudissoit, & moy pour l'arrester,
Ie serois, ay-ie dit, bien-aise d'escouter.
Tu n'as point veu cecy, Marquis ; ah ! Dieu me dãne
Ie le trouue assez drole, & ie n'y suis pas asne ;
Ie sçais par quelles loix vn ouurage est parfait,
Et Corneille me vient lire tout ce qu'il fait.
La dessus de la piece il m'a fait vn sommaire,
Scene, à Scene, auerty de ce qui falloit faire,
Et iusques à des vers qu'il en sçauoit par cœur,
Il me les recitoit tout haut auant l'Acteur.
I'auois beau m'en deffendre, il a poussé sa chance,
Et s'est, deuers la fin, leué long-temps d'auance ;
Car les gens du bel air pour agir galamment
Se gardent bien, sur tout, d'oüyr le dénoüement.
Ie rendois grace au Ciel, & croyois de iustice,
Qu'auec la Comedie eust finy mon suplice :
Mais, comme si c'en eust esté trop bon marché,
Sur nouueaux frais mon hõme à moy s'est attaché ;
M'a conté ses exploits, ses vertus non communes,
Parlé de ses cheuaux, de ses bonnes fortunes,
Et de ce qu'à la Cour il auoit de faueur,
Disant, qu'à m'y seruir il s'offroit de grand cœur.
Ie le remerciois doucement de la teste,
Minutant à tous coups quelque retraite honneste :

B

LES FASCHEVX,

Mais luy, pour le quitter, me voyant ébranlé,
Sortons, ce m'a-t-il dit, le monde est écoulé:
Et sortis de ce lieu, me la donnant plus seche,
Marquis, allons au Cours faire voir ma galeche;
Elle est bien entenduë, & plus d'vn Duc & Pair,
En fait, à mon faiseur, faire vne du mesme air.
Moy de luy rendre grace, & pour mieux m'en def-
  fendre
De dire que i'auois certain repas à rendre.
Ah parbleu i'en veux estre, estant de tes amis,
Et manque au Mareschal a qui i'auois promis.
De la chere, ay-ie fait, la doze est trop peu forte
Pour oser y prier des gens de vostre sorte.
Non ; m'a-t-il respondu, ie suis sans compliment,
Et i'y vais pour causer auec toy seulement ;
Ie suis des grans repas fatigué, ie te iure :
Mais si l'on vous attend, ay-ie dit, c'est iniure....
Tu te moques, Marquis, nous nous connoissons
  tous ;
Et ie trouue auec toy des passe-temps plus doux.
Ie pestois contre moy, l'ame triste & confuse
Du funeste succés qu'auoit eu mon excuse,
Et ne sçauois à quoy ie deuois recourir,
Pour sortir d'vne peine à me faire mourir ;
Lors qu'vn carosse fait de superbe maniere,
Et comblé de Laquais, & deuant, & derriere,
S'est auec vn grand bruit deuant nous aresté ;
D'où sautant vn ieune homme amplement ajusté,
Mon importun & luy courant à l'embrassade
Ont surpris les passans de leur brusque incartade ;
Et tandis que tous deux estoient precipitez
Dans les conuulsions de leurs ciuilitez,
Ie me suis doucement esquiué sans rien dire ;
Non sans auoir long-temps gemi d'vn tel martyre,

COMEDIE.

Et maudit ce Fâcheux dont le zele obstiné
M'ostoit au rendé-vous qui m'est icy donné.

LA MONTAGNE.

Ce sont chagrins meslez aux plaisirs de la vie,
Tout ne va pas, Monsieur, au gré de nostre enuie.
Le Ciel veut qu'icy bas chacun ait ses Fâcheux ;
Et les hommes seroient, sans cela, trop heureux.

ERASTE.

Mais de tous mes Fâcheux, le plus fâcheux encore,
Est Lysandre, le tuteur de celle que i'adore ;
Qui rompt ce qu'à mes vœux elle donne d'espoir,
Et fait qu'en sa presence elle n'ose me voir.
Ie crains d'auoir déja passé l'heure promise,
Et c'est dans cette allée, où deuoit estre Orphise.

LA MONTAGNE.

L'heure d'vn rendez-vous d'ordinaire s'estend ;
Et n'est pas resserrée aux bornes d'vn instant.

ERASTE.

Il est vray; mais ie tremble, & mon amour extréme
D'vn rien se fait vn crime enuers celle que i'ayme.

LA MONTAGNE.

Si ce parfait amour, que vous prouuez si bien,
Se fait vers vostre objet vn grand crime de rien,
Ce que son cœur, pour vous, sent de feux legitimes,
En reuanche, luy fait vn rien de tous vos crimes.

B ij

LES FASCHEVX,

ERASTE.

Mais, tout de bon, crois-tu que ie sois d'elle aymé?

LA MONTAGNE.

Quoy? vous doutez encor d'vn amour confirmé...

ERASTE.

Ah c'est mal-aisément qu'en pareille matiere,
Vn cœur bien enflammé prend asseurance entiere.
Il craint de se flatter, & dans ses diuers soins,
Ce que plus il souhaite, est ce qu'il croit le moins.
Mais songeons à trouuer vne beauté si rare.

LA MONTAGNE.

Monsieur, vostre rabat par deuant se separe.

ERASTE.

N'importe.

LA MONTAGNE.

Laissez-moy l'ajuster, s'il vous plaist.

ERASTE.

Ouf, tu m'estrangles, fat, laisse-le, comme il est.

LA MONTAGNE.

Souffrez qu'on peigne vn peu...

COMEDIE.

ERASTE.

Sottise sans pareille !
Tu m'as, d'vn coup de dent, presque emporté l'o-
reille.
LA MONTAGNE.

Vos canons ....

ERASTE.

Laisse-les ; tu prens trop de soucy.
LA MONTAGNE.

Ils sont tout chifonnez.

ERASTE.

Ie veux qu'ils soient ainsy.
LA MONTAGNE.

Accordez-moy du moins, pour grace singuliere,
De frotter ce chapeau, qu'on voit plein de poussiere.
ERASTE.

Frotte donc, puis qu'il faut que i'en passe par là.
LA MONTAGNE.

Le voulez-vous porter fait comme le voila ?

B iij

LES FASCHEVX,

ERASTE.
Mon Dieu dépesche-toy.

LA MONTAGNE.
Ce seroit conscience.

ERASTE *apres auoir attendu.*
C'est assez.

LA MONTAGNE.
Donnez-vous vn peu de patience.

ERASTE.
Il me tuë.

LA MONTAGNE.
En quel lieu vous estes-vous fourré?

ERASTE.
T'es-tu de ce chapeau pour toûjours emparé?

LA MONTAGNE.
C'est fait.

ERASTE.
Donne-moy donc.

COMEDIE. 19

LA MONTAGNE *laiſſant tomber le chapeau.*

Hay!

ERASTE.

Le voila par terre:
Ie ſuis fort auancé : que la fiéure te ſerre.

LA MONTAGNE.

Permettez qu'en deux coups i'oſte..?

ERASTE.

Il ne me plaiſt pas.
Au diantre tout valet qui vous eſt ſur les bras;
Qui fatigue ſon Maiſtre, & ne fait que déplaire
A force de vouloir trancher du neceſſaire.

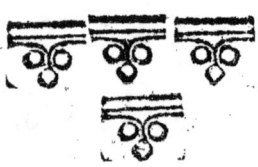

B iiij

SCENE II.

ORPHISTE, ALCIDOR, ERASTE,
LA MONTAGNE.

ERASTE.

Mais voy-ie pas Orphise ? ouy c'est elle, qui vient.
Ou va-t-elle si viste, & quel homme la tient ?

*Il la saluë comme elle passe, & elle
en passant détourne la teste.*

Quoy me voir en ces lieux deuant elle paroistre,
Et passer en feignant de ne me pas connoistre !
Que croire ! qu'en dis-tu ? parle donc, si tu veux.

LA MONTAGNE.

Monsieur, ie ne dis rien de peur d'estre fâcheux.

ERASTE.

Et c'est l'estre en effet que de ne me rien dire
Dans les extremitez d'vn si cruel martyre.
Fais donc quelque responce à mon cœur abbatu :
Que dois-ie presumer ? parle, qu'en penses-tu ?
Dy-moy ton sentiment.

COMEDIE. 21

LA MONTAGNE.

Monsieur, ie veux me taire,
Et ne desire point trancher du necessaire.

ERASTE.

Peste l'impertinent! va-t'en suiure leurs pas ;
Voy ce qu'ils deuiendront, & ne les quitte pas.

LA MONTAGNE *reuenant*.

Il faut suiure de loin ?

ERASTE.

Ouy.

LA MONTAGNE *reuenant*.

Sans que l'on me voye,
Ou faire aucun semblât qu'apres eux on m'enuoye.

ERASTE.

Non, tu feras bien mieux de leur donner auis,
Que par mon ordre exprés ils sont de toy suiuis.

LA MONTAGNE *reuenant*.

Vous trouueray-ie icy ?

LES FASCHEVX,

ERASTE.

Que le Ciel te confonde,
Homme, à mon sentimēt, le plus fâcheux du mōde.

La Montagne s'en va.

Ah! que ie sens de trouble, & qu'il m'eust esté doux,
Qu'on me l'eust fait manquer, ce fatal rendez-vous.
Ie pensois y trouuer toutes choses propices ;
Et mes yeux pour mon cœur y trouuēt des suplices.

COMEDIE. 23

SCENE III.
LYSANDRE, ERASTE.

LYSANDRE.

SOus ces arbres, de loin, mes yeux t'ont reconnu,
Cher Marquis, & d'abord ie suis à toy venu.
Comme à de mes amis il faut que ie te chante
Certain air, que i'ay fait, de petite courante,
Qui de toute la Cour contente les experts,
Et sur qui plus de vingt ont desia fait des vers.
I'ay le bien, la naissâce, & quelque employ passable,
Et fais figure en France assez considerable ;
Mais ie ne voudrois pas, pour tout ce que ie suis,
N'auoir point fait cét air, qu'icy ie te produis.
La, la, hem, hem : écoute auec soin, ie te prie.
Il chante sa courante.
N'est-elle pas belle ?
      Ah!
LYSANDRE.
                Cette fin est iolie.
Il rechante la fin quatre ou cinq fois de suitte.
Comment la trouues-tu ?

ERASTE.
            Fort belle asseurément

LES FASCHEVX,

LYSANDRE.

Les pas que i'en ay faits n'ont pas moins d'agré-
ment,
Et sur tout la figure à merueilleuse grace.
*Il chante, parle & danse tout ensemble, & fai
faire à Eraste les figures de la femme.*
Tien, l'homme passe ainsi : puis la femme repasse :
Ensemble : puis on quitte, & la femme vient là.
Vois-tu ce petit trait de feinte que voila ?
Ce fleuret ? ces coupez courant aprés la belle ?
Dos à dos : face à face, en se pressant sur elle.
Aprés auoir acheué.
Que t'en semble Marquis ?

ERASTE.

Tous ces pas là sont sont fins.

LYSANDRE.

Ie me mocque, pour moy, des maistres Baladins.

ERASTE.

On le voit.

LYSANDRE.

Les pas donc....

ERASTE.

N'ont rien qui ne surprenne.

LYSANDRE.

COMEDIE.

LYSANDRE.

Veux-tu, par amitié, que ie te les apprenne?

ERASTE.

Ma foy, pour le present, i'ay certain embarras....

LYSANDRE.

Et bien donc, ce sera, lors que tu le voudras,
Si i'auois deſſus-moy ces paroles nouuelles,
Nous les liriõs enſemble, & verrions les plus belles.

ERASTE.

Vne autre fois.

LYSANDRE.

Adieu, Baptiſte le tres-cher
N'a point veu ma courante, & ie le vais chercher.
Nous auons, pour les airs, de grandes ſimpathies,
Et ie veux le prier d'y faire des parties.

Il s'en va chantant touſiours.

ERASTE.

Ciel! faut-il que le rang, dont on veut tout couurir,
De cent ſots, tous les iours, nous oblige à ſouffrir;
Et nous faſſe abaiſſer iuſques aux complaiſances,
D'applaudir bien ſouuent à leurs impertinences?

SCENE IV.

LA MONTAGNE, ERASTE.

LA MONTAGNE.

Monsieur, Orphise est seule, & vient de ce costé.

ERASTE.

Ah d'vn trouble bien grand ie me sens agité !
I'ay de l'amour encore pour la belle inhumaine,
Et ma raison voudroit, que i'eusse de la haine !

LA MONTAGNE.

Monsieur, vostre raison ne sçait ce qu'elle veut ;
Ny ce que sur vn cœur vne Maistresse peut.
Bien que de s'emporter on ait de iustes causes,
Vne belle, d'vn mot, rajuste bien des choses.

ERASTE.

Helas, ie te l'auouë, & déja cét aspect,
A toute ma colere imprime le respect.

COMEDIE.

SCENE V.

ORPHISE, ERASTE, LA MONTAGNE.

ORPHISE.

Vostre front à mes yeux mostre peu d'allegresse.
Seroit-ce ma presence, Eraste, qui vous blesse?
Qu'est-ce donc? qu'auez-vous? & sur quels déplai-
    sirs,
Lors que vous me voyez, poussez-vous des soûpirs?

ERASTE.

Helas, pouuez-vous bien me demander, cruelle,
Ce qui fait de mon cœur la tristesse mortelle?
Et d'vn esprit méchant n'est-ce pas vn effet,
Que feindre d'ignorer ce que vous m'auez fait?
Celuy dont l'entretien vous a fait, à ma veuë,
Passer......

ORPHISE *riant*.

C'est de cela, que vostre ame est esmeuë?

ERASTE.

Insultez inhumaine, encor à mon malheur.
Allez, il vous sied mal de railler ma douleur;

C ij

LES FASCHEVX,

Et d'abuser, ingrate, à maltraiter ma flâme,
Du foible, que pour vous, vous sçauez, qu'a mon
(ame,

ORPHISE.

Certes il en faut rire, & confesser icy,
Que vous estes bien fou, de vous troubler ainsi.
L'homme, dont vous parlez, loin qu'il puisse me
    plaire,
Est vn homme Fâcheux dont i'ay sçeu me defaire;
Vn de ces importuns, & sots officieux,
Qui ne sçauroient souffrir qu'on soit seule en des
    lieux ;
Et viennent aussi-tost, auec vn doux langage,
Vous donner vne main, contre qui l'on enrage.
I'ay feint de m'en aller, pour cacher mon dessein;
Et, iusqu'à mon carosse, il m'a presté la main.
Ie m'en suis promptement defaite de la sorte,
Et i'ay pour vous trouuer, rentré par l'autre porte.

ERASTE.

A vos discours, Orphise, adiousteray-ie foy ?
Et vostre cœur est-il tout sincere pour moy ?

ORPHISE.

Ie vous trouue fort bon, de tenir ces paroles ;
Quand ie me iustifie à vos plaintes friuoles.
Ie suis bien simple encor, & ma sotte bonté......

ERASTE.

Ah ne vous faschez pas, trop seuere beauté.

COMEDIE. 29

Ie veux croire en aueugle, estât sous vostre empire,
Tout ce que vous aurez la bonté de me dire.
Trompez, si vous voulez, vn malheureux Amant ;
I'auray pour vous respect, iusques au monument.
Maltraitez mon amour, refusez-moy le vostre ;
Exposez à mes yeux le triomphe d'vn autre,
Ouy ie souffriray tout de vos diuins appas,
I en mourray, mais enfin ie ne m'en plaindray pas.

ORPHISE.

Quand de tels sentimens regneront dãs vostre ame,
Ie sçauray de ma part......

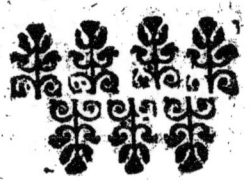

C iij

LES FASCHEVX,

SCENE VI.

ALCANDRE, ORPHISE,
ERASTE, LA MONTAGNE.

ALCANDRE.

Marquis vn mot. Madame,
De grace pardonnez, si ie suis indiscret,
En osant, deuant vous, luy parler en secret.
Auec peine, Marquis, ie te fais la priere;
Mais vn homme vient-là de me rompre en visiere,
Et ie souhaite fort, pour ne rien reculer,
Qu'à l'heure de ma part, tu l'ailles appeller.
Tu sçais, qu'en pareil cas, ce seroit auec ioye,
Que ie te le rendrois en la mesme monnoye.

ERASTE *Apres auoir vn peu de-*
meuré sans parler.

Ie ne veux point icy faire le Capitan ;
Mais ou ma veu soldat, auant que Courtisan.
I'ay seruy quatorze ans, & ie croy estre en passe,
De pouuoir d'vn tel pas me tirer auec grace,
Et de ne craindre point, qu'à quelque lascheté
Le refus de mon bras me puisse estre imputé.
Vn duel met les gens en mauuaise posture,
Et nostre Roy n'est pas vn Monarque en peinture.
Il sçait faire obeïr les plus grans de l'Estat,
Et ie trouue qu'il fait en digne Potentat.

COMEDIE.

Quand il faut le seruir, i'ay du cœur, pour le faire:
Mais ie ne m'en sens point, quand il faut luy dé-
  plaire.
Ie me fais de son ordre vne supréme Loy.
Pour luy desobeïr, cherche vn autre que moy.
Ie te parle, Vicomte, auec franchise entiere,
Et suis ton seruiteur en toute autre matiere,
Adieu. Cinquante fois au Diable les Fâcheux,
Où donc s'est retiré cèt objet de mes vœux?

LA MONTAGNE.

Ie ne sçay.

ERASTE.

Pour sçauoir où la belle est allée,
Va-t'en chercher par tout, i'attens dans cette allée.

Fin du premier Acte.

C iiij

LES FASCHEVX,

BALLET Du premier Acte.

PREMIERE ENTREE.

Es Ioüeurs de Mail, en criant, gare, l'obligent à se retirer, & comme il veut reuenir lors qu'ils ont fait.

DEVXIESME ENTREE.

Des Curieux viennent qui tournent autour de luy pour le connoistre, & font qu'il se retire encore pour vn moment.

COMEDIE.

ACTE II.
SCENE PREMIERE.

ERASTE.

Es Fascheux à la fin se sont-ils escartez ?
Ie pense qu'il en pleut icy de tous costez.
Ie les fuis, & les trouue, & pour second martire,
Ie ne sçaurois trouuer celle que ie desire.
Le tonnerre, & la pluye ont promptement passé,
Et n'ont point, de ces lieux, le beau monde chassé.
Plust au Ciel, dans les dons que ses soins y prodiguent,
Qu'ils en eussent chassé tous les gens, qui fatiguent !
Le Soleil baisse fort, & ie suis estonné,
Que mon Valet encor ne soit point retourné.

SCENE II.

ALCIPE, ERASTE.

ALCIPE.

Bon iour.

ERASTE.

Et quoy toûjours me flâme diuertie!

ALCIPE.

Console-moy, Marquis, d'vne étrange partie,
Qu'au Piquet ie perdis, hier, contre vn S. Bouuain;
A qui ie donnerois quinze points, & la main.
C'est vn coup enragé, qui depuis hier m'accable,
Et qui feroit donner tous les Ioüeurs au Diable ;
Vn coup asseurément à se pendre en public.
Il ne m'en faut que deux ; l'autre a besoin d'vn pic.
Ie donne ; il en prend six, & demande à refaire :
Moy, me voyant de tout, ie n'en voulus rien faire,
Ie porte l'as de trefle, admire mon malheur,
L'as, le Roy, le valet, le huict, & dix de cœur ;
Et quitte, comme au point alloit la politique,
Dame, & Roy de carreau; dix, & Dame de pique.
Sur mes cinq cœurs portez la Dame arriue encor,
Qui me fait iustement vne quinte major :

COMEDIE. 35

Mais mon homme, auec l'as, non sans surprise ex-
 trême,
Des bas carreaux, sur table, étale vne sixiéme.
I'en auois écarté la Dame, auec le Roy;
Mais luy fallant vn pic, ie sortis hors d'effroy,
Et croïois bien du moins faire deux points vniques.
Auec les sept carreaux, il auoit quatre piques;
Et, jettant le dernier, m'a mis dans l'embarras,
De ne sçauoir lequel garder de mes deux as.
I'ay jetté l'as de cœur, auec raison me semble;
Mais il auoit quitté quatre trefles ensemble,
Et par vn six de cœur ie me suis veu capot,
Sans pouuoir, de depit, proferer vn seul mot.
Morbleu fais-moy raison de ce coup effroyable.
A moins que l'auoir veu, peut-il estre croyable?

ERASTE.

C'est dans le ieu, qu'on voit les plus grands coups
 du sort.

ALCIPE.

Parbleu tu iugeras, toy-mesme, si i'ay tort;
Et si c'est sans raison, que ce coup me transporte;
Car voicy nos deux ieux, qu'exprés sur moy ie
 porte.
Tien, c'est icy mon port, comme ie te l'ay dit;
Et voicy......

ERASTE.

   I'ay compris le tout, par ton recit,
Et voy de la iustice au transport qui t'agite;
Mais, pour certaine affaire, il faut que ie te quitte;

36 LES FASCHEVX,

Adieu console-toy, pourtant, de ton malheur.

ALCIPE.

Qui moy ? i'auray toûjours ce coup là sur le cœur :
Et c'est, pour ma raison, pis qu'vn coup de tonnerre.
Ie le veux faire, moy, voir à toute la terre, *

Il s'en va & prest à rentrer, il dit par reflexion.

Vn six de cœur ! deux points !

ERASTE.

En quel lieu sommes-nous ?
De quelque part qu'on tourne, on ne voit que des foux.
Ah ! que tu fais languir ma iuste impatience.

SCENE

COMEDIE.

SCENE III.

LA MONTAGNE, ERASTE.

LA MONTAGNE.

Monsieur, ie n'ay pû faire vne autre diligence.

ERASTE.

Mais me raportes-tu quelque nouuelle enfin?

LA MONTAGNE.

Sans doute ; & de l'obiet qui fait voftre deftin,
I'ay par vn ordre expres quelque chofe à vous dire.

ERASTE.

Et quoy ? déja mon cœur aprés ce mot foûpire,
Parle.

LA MONTAGNE.

Souhaittez-vous de fçauoir ce que c'eft ?

ERASTE.

Ouy, dy vifte.

D

LES FASCHEVX.

LA MONTAGNE.

Monsieur, attendez, s'il vous plaist,
Ie me suis, à courir, presque mis hors d'haleine.

ERASTE.

Prens-tu quelque plaisir à me tenir en peine?

LA MONTAGNE.

Puisque vous desirez de sçauoir promptement
L'ordre que i'ay receu de cét obiet charmant,
Ie vous diray..... Ma foy, sans vous vanter mon zele,
I'ay bien fait du chemin, pour trouuer cette belle,
Et si......

ERASTE.

Peste soit fait de tes digressions.

LA MONTAGNE.

Ah! il faut moderer vn peu ses passions,
Et Seneque.......

ERASTE.

Seneque est vn sot dans ta bouche,
Puis qu'il ne me dit rien de tout ce qui me touche,
Dy-moy ton ordre, tost.

COMEDIE.

LA MONTAGNE.

     Pour contenter vos vœux,
Voſtre Orphiſe... Vne beſte eſt là dans vos cheueux.

ERASTE.

Laiſſe.

LA MONTAGNE.

Cette beauté de ſa part vous fait dire....

ERASTE.

Quoy !

LA MONTAGNE.

Deuinez.

ERASTE.

    Sçais-tu que ie ne veux pas rire?

LA MONTAGNE.

Son ordre eſt qu'en ce lieu vous deuez vous tenir,
Aſſeuré que dans peu vous l'y verrez venir,
Lors qu'elle aura quitté quelques prouinciales,
Aux perſonnes de Cour fâcheuſes animales.

      D ij

ERASTE.

Tenons-nous donc au lieu qu'elle a voulu choisir:
Mais, puisque l'ordre icy m'offre quelque loisir,
Laisse moy mediter, i'ay dessein de luy faire
Quelques vers, sur vn air, ou ie la voy se plaire.

Il se promene en resuant.

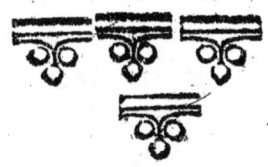

COMÉDIE.

SCENE IV.

ORANTE, CLIMENE, ERASTE.

ORANTE.

Tout le monde sera de mon opinion.

CLIMENE.

Croyez-vous l'emporter par obstination ?

ORANTE.

Ie pense mes raisons meilleures que les vostres.

CLIMENE.

Ie voudrois qu'on ouyst les vnes & les autres.

ORANTE.

I'auise vn homme icy qui n'est pas ignorant ;
Il pourra nous iuger sur nostre different.
Marquis, de grace, vn mot: Souffrez qu'on vous ap-
    pelle,
Pour estre, entre nous deux, iuge d'vne querelle,
D'vn debat, qu'ont ému nos diuers sentimens,
Sur ce qui peut marquer les plus parfaits Amans.

ERASTE.

C'est vne question à vuider difficile,
Et vous deuez chercher vn Iuge plus habile.

ORANTE.

Non, vous nous dites-là d'inutiles chansons:
Vostre esprit fait du bruit, & nous vous cōnoissons;
Nous sçauons que chacun vous dōne à iuste titre....

ERASTE.
Hé de grace,....
ORANTE.

En vn mot vout serez nostre arbitre,
Et ce sont deux momés qu'il vous faut nous dōner.

CLIMENE.

Vous retenez icy qui vous doit condamner:
Car enfin, s'il est vray ce que i'en ose croire,
Monsieur, à mes raisons, donnera la victoire.

ERASTE.

Que ne puis-ie à mon traistre inspirer le soucy,
D'inuenter quelque chose a me tirer d'icy!

ORANTE.

Pour moy de son esprit i'ay trop bon témoignage,
Pour craindre qu'il prononce à mon desauantage,

COMEDIE.

Enfin ce grand debat qui s'allume entre nous,
Est de sçauoir s'il faut qu'vn Amant soit ialoux.

CLIMENE.

Ou, pour mieux expliquer ma pensée & la vostre,
Lequel doit plaire plus d'vn ialoux ou d'vn autre.

ORANTE.

Pour moy, sans contredit, ie suis pour le dernier.

CLIMENE.

Et dans mon sentiment ie tiens pour le premier.

ORANTE.

Ie croy que nostre cœur doit donner son suffrage,
A qui fait éclater du respect dauantage.

CLIMENE.

Et moy, que si nos vœux doiuent paroistre au iour,
C'est pour celuy qui fait éclater plus d'amour.

ORANTE.

Ouy, mais on voit l'ardeur dont vne ame est saisie,
Bien mieux dans le respect, que dans la ialousie.

CLIMENE.

Et c'est mon sentiment, que qui s'attache à nous,
Nous ayme d'autant plus, qu'il se monstre ialous.

D iiij

ORANTE.

Fi ne me parlez point, pour estre Amans, Climene,
De ces gens dont l'amour est fait comme la haine,
Et qui, pour tous respects, & toute offre de vœux,
Ne s'appliquent iamais, qu'à se rendre Fascheux;
Dont l'ame, que sans cesse vn noir transport anime,
Des moindres actiōs cherche à nous faire vn crime;
En soûmet l'innocence à son aueuglement,
Et veut, sur vn coup d'œil, vn éclaircissement :
Qui de quelque chagrin nous voyant l'apparence,
Se plaignent aussi-tost, qu'il naist de leur presence;
Et lors que dans nos yeux brille vn peu d'enioûmēt,
Veulent que leurs Riuaux en soient le fondement :
Enfin, qui prenant droit des fureurs de leur zele,
Ne vous parlent iamais, que pour faire querelle ;
Osent deffendre à tous l'approche de nos cœurs,
Et se font les tyrans de leurs propres vainqueurs.
Moy ie veux des Amans que le respect inspire;
Et leur soûmission marque mieux nostre empire.

CLIMENE.

Fi ne me parlez point, pour estre vrais Amans,
De ces gens, qui pour nous n'ont nuls emportemēts;
De ces tiedes Galans, de qui les cœurs paisibles,
Tiennent desia pour eux les choses infaillibles;
N'ont point peur de nous perdre, & laissent chaque
Sur trop de confiance endormir leur amour ; (iour,
Sont auec leurs Riuaux en bonne intelligence,
Et laissent vn champ libre à leur perseuerance.
Vn amour si tranquille excite mon courroux.
C'est aimer froidement que n'estre point ialoux ;

COMEDIE.

Et ie veux, qu'vn Amant pour me prouuer sa flâme,
Sur d'eternels soupçons laisse flotter son ame,
Et par de prõpts transports, dõne vn signe éclatant
De l'estime qu'il fait de celle qu'il pretend.
On s'applaudit alors de son inquietude,
Et s'il nous fait par fois vn traitement trop rude,
Le plaisir de le voir soûmis à nos genous,
S'excuser de l'éclat qu'il a fait contre nous,
Ses pleurs, son desespoir d'auoir pû nous déplaire,
Est vn charme à calmer toute nostre colere.

ORANTE.

Si pour vous plaire il faut beaucoup d'emportemẽt,
Ie sçais qui vous pourroit donner contentement ;
Et ie connois des gens dans Paris plus de quatre,
Qui, cõme ils le font voir, aiment iusques à batre.

CLIMENE.

Si pour vous plaire il faut n'estre iamais ialous,
Ie sçais certaines gens fort commodes pour vous ;
Des hommes en amour d'vne humeur si souffrante,
Qu'ils vous verroient sans peine entre les bras de
    trente.

ORANTE.

Enfin, par vostre arrest vous deuez déclarer,
Celuy de qui l'amour vous semble à preferer.

ERASTE.

Puisqu'à moins d'vn arrest ie ne m'en puis deffaire,
Toutes deux à la fois ie vous veux satisfaire ;

Et pour ne point blasmer ce qui plaist à vos yeux,
Le ialoux aime plus, & l'autre aime bien mieux.

CLIMENE.

L'arrest est plein d'esprit ; mais....

ERASTE.

Suffit, i'en suis quitte.
Aprés ce que i'ay dit, souffrez que ie vous quitte.

COMEDIE.

SCENE V.

ORPHISE, ERASTE,

ERASTE.

Que vous tardez, Madame, & que i'esprouue
bien.....

ORPHISE.

Non, non, ne quittez pas vn si doux entretien.
A tort vous m'accusez d'estre trop tard venuë,
Et vous auez dequoy vous passer de ma veuë.

ERASTE.

Sans sujet contre moy voulez-vous vous aigrir,
Et me reprochez-vous ce qu'on me fait soufrir ?
Ha ! de grace attendez....

ORPHISE.

    Laissez-moy, ie vous prie,
Et courez vous rejoindre à vostre compagnie.
Elle sort.

LES FASCHEVX,

ERASTE.

Ciel, faut-il qu'aujourd'huy Fâcheuses, & Fâcheux,
Conspirent à troubler les plus chers de mes veux !
Mais allons sur ses pas, malgré sa resistance,
Et faisons à ses yeux briller nostre innocence.

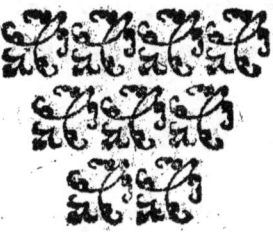

SCENE

COMEDIE.

SCENE VI.
DORANTE, ERASTE.

DORANTE.

HA Marquis que l'on voit de Fafcheux tous les
  iours,
Venir de nos plaifirs interrompre le cours!
Tu me vois enragé d'vne affez belle chaffe,
Qu'vn fat.... C'eft vn recit qu'il faut que ie te faffe.

ERASTE.

Ie cherche icy quelqu'vn, & ne puis m'arrefter.

DORANTE *le retenant.*

Parbleu chemin faifant ie te le veux conter.
Nous eftions vne troupe, affez bien affortie,
Qui pour courir vn Cerf auions hier fait partie;
Et nous fufmes coucher fur le pays exprés,
C'eft à dire, mon cher, en fin fond de forets.
Comme cét exercice eft mon plaifir fupréme,
Ie voulus, pour bien faire, aller au bois moy-mefme;
Et nous concluſmes tous d'attacher nos efforts,
Sur vn Cerf, qu'vn chacun nous difoit Cerf-dix-cors;

E

LES FASCHEVX.

Mais moy, mon iugement, sans qu'aux marques
 i'arreste,
Fut qu'il n'estoit que Cerf à sa seconde teste.
Nous auions, comme il faut, separé nos relais,
Et desjeunions en haste, auec quelques œufs frais;
Lors qu'vn franc Campagnard, auec longue rapiere,
Montant superbement sa Iument pouliniere,
Qu'il honoroit du nom de sa bonne Iument,
S'en est venu nous faire vn mauuais compliment,
Nous presentant aussi, pour surcroist de colere,
Vn grand benest de fils, aussi sot que son pere.
Il s'est dit grand Chasseur, & nous a priés tous,
Qu'il pust auoir le bien de courir auec nous.
Dieu preserue, en chassant, toute sage personne,
D'vn porteur de huchet, qui mal à propos sonne;
De ces gens, qui suiuis de dix Hourets galeux
Disent ma meute, & font les chasseurs merueilleux.
Sa demande receuë, & ses vertus prisées,
Nous auons esté tous frapper à nos brisées.
A trois longueurs de trait, tayaut; voila d'abord
Le Cerf donné aux chiens. I'appuye, & sonne fort.
Mon Cerf débuche, & passe vne assez longue pleine,
Et mes chiens aprés luy; mais si bien en haleine,
Qu'on les auroit couuerts tous d'vn seul iuste-au-
 corps.
Il vient à la Forest. Nous luy donnons à lors
La vieille meute; & moy, ie prens en diligence
Mon Cheual Allezan. Tu l'as veu?

ERASTE.

Non ie pense.

D'ORANTE.

Commen? c'est vn Cheual aussi bon qu'il est beau,
Et que ces iours passez, i'achetay de Gaueau.*

* Marchand de Cheuaux celebre à la Cour.

COMEDIE.

Ie te laisse à penser, si, sur cette matiere,
Il voudroit me tromper, luy qui me considere:
Aussi ie m'en contente, & iamais, en effet,
Il n'a vendu Cheual, ny meilleur, ny mieux fait.
Vne teste de Barbe, auec l'Estoile nette;
L'encolure d'vn Signe, effilée, & bien droite;
Point d'espaules non plus qu'vn Liévre, court-iointé,
Et qui fait dans son port voir sa viuacité.
Des piez, morbleu, des piez! le rein double: à vray
    dire,
I'ay trouué le moyen, moy seul, de le reduire,
Et sur luy, quoy qu'aux yeux il montrast beau sem-
    blant,
Petit Iean de Gaueau ne montoit qu'en tremblant.
Vne croupe, en largeur, à nulle autre pareille;
Et des gigots, Dieu sçait! bref c'est vne merueille,
Et i'en ay refusé cent pistoles, croy moy,
Au retour d'vn cheual amené pour le Roy.
Ie monte donc dessus, & ma ioye estoit pleine,
De voir filer de loin les coupeurs dans la plaine;
Ie pousse, & ie me trouue en vn fort à l'escart,
A la queuë de nos chiens moy seul auec Drecar. *
                                     * *Piqueur renommé.*
Vne heure là dedans nostre Cerf se fait battre.
I'appuye alors mes chiens, & fais le diable à quatre:
Enfin iamais Chasseur ne se vit plus ioyeux;
Ie le relance seul, & tout alloit des mieux;
Lors que d'vn ieune Cerf s'accompagne le nostre,
Vne part de mes chiens se separe de l'autre,
Et ie les voy, Marquis, comme tu peux penser,
Chasser tous auec crainte, & finaut balancer.
Il se rabat soudain, dont i'eus l'ame rauie;
Il empaume la voye, & moy ie sonne & crie,

E ij

LES FASCHEVX,

A finaut à finaut : i'en reuois à plaisir,
Sur vne taupiniere, & reſſonne à loiſir.
Quelques chiens reuenoient à moy, quand pour diſ-
  grace,
Le ieune Cerf, Marquis, à mon Campagnard paſſe.
Mon étourdy ſe met à ſonner comme il faut,
Et crie à pleine voix, tayaut, tayaut, tayaut.
Mes chiens me quittent tous, & vont à ma pecore,
I'y pouſſe & i'en reuois dans le chemin encore;
Mais à terre, mon cher, ie n'eus pas ietté l'œil,
Que ie connus le change, & ſentis vn grand dueil.
I'ay beau luy faire voir toutes les differences,
Des pinces de mon Cerf, & de ſes connoiſſances;
Il me ſouſtient touſiours, en Chaſſeur ignorant,
Que c'eſt le Cerf de meute, & par ce different
Il donne temps aux chiens d'aller loin : i'en enrage,
Et peſtant de bon cœur contre le perſonnage,
Ie pouſſe mon cheual, & par haut, & par bas,
Qui plioit des gaulis auſſi gros que les bras :
Ie ramene les chiens à ma premiere voye,
Qui vont, en me donnant vne exceſſiue ioye,
Requerir noſtre Cerf, comme s'ils l'euſſent veu :
Ils le relancent; mais, ce coup eſt-il preueu ?
A te dire le vray, cher Marquis, il m'aſſomme.
Noſtre Cerf relancé va paſſer à noſtre homme,
Qui croyant faire vn trait de chaſſeur fort vanté,
D'vn piſtolet d'arçon qu'il auoit apporté,
Luy donne iuſtement au milieu de la teſte,
Et de fort loin me crie, ah ! i'ay mis bas la beſte.
A-t-on iamais parlé de piſtolets, bon Dieu !
Pour courre vn Cerf ? pour moy venant deſſus le
  lieu,
I'ay trouué l'action tellement hors d'vſage,
Que i'ay donné des deux à mon cheual, de rage,

COMEDIE. 53

Et m'en suis reuenu chez moy tousiours courant,
Sans vouloir dire vn mot à ce sot ignorant.

ERASTE.

Tu ne pouuois mieux faire, & ta prudence est rare:
C'est ainsi, des Fascheux, qu'il faut qu'on se separe;
Adieu.

DORANTE.

Quand tu voudras, nous irons quelque part,
Où nous ne craindrōs point de chasseur Cāpagnard.

ERASTE.

Fort bien. Ie croy qu'enfin ie perdray patience.
Cherchons à m'excuser auec diligence.

Fin du deuxiesme Acte.

LES FASCHEVX,

BALLET
Du second Acte.

PREMIERE ENTREE.

DEs Ioüeurs de Boule l'arrestent pour mesurer vn coup, dont ils sont en dispute. Il se défait d'eux auec peine, & leur laisse dancer vn pas, composé de toutes les postures qui sont ordinaires à ce Ieu.

DEVXIESME ENTREE.

De petits Frondeurs les viennent interrompre qui sont chassez en suite.

TROISIESME ENTREE.

Par des Sauetiers, & des Sauetieres, leurs peres, & autres qui sont aussi chassez à leur tour.

QVATRIESME ENTREE.

Par vn Iardinier qui dance seul, & se retire pour faire place au troisiesme Acte.

COMEDIE.

ACTE III.

SCENE PREMIERE.

ERASTE, LA MONTAGNE.

ERASTE.

L est vray, d'vn costé mes soins ont
reüssy:
Cét adorable objet enfin s'est adoucy:
Mais d'vn autre on m'accable, & les
Astres seueres,
Ont, contre mon amour, redoublé leurs coleres.
Ouy Damis son tuteur, mon plus rude fâcheux,
Tout de nouueau s'oppose aux plus doux de mes
veux,
A son aymable niece a deffendu ma veuë,
Et veut, d'vn autre Espoux, la voir demain pourueuë:
Orphise toutefois, malgré son desaueu,
Daigne accorder ce soir vne grace à mon feu;
Et i'ay fait consentir l'esprit de cette belle,
A souffrir qu'en secret ie la visse chez elle.
L'amour ayme sur tout les secrettes faueurs;
Dans l'obstacle, qu'on force, il trouue des douceurs;

LES FASCHEVX,

Et le moindre entretien de la beauté qu'on ayme,
Lors qu'il est deffendu, deuient grace supréme.
Ie vais au rendez-vous : c'en est l'heure, à peu prés:
Puis, ie veux m'y trouuer pluftoft auant qu'aprés.

LA MONTAGNE,

Suiuray-ie vos pas ?

ERASTE.

Non, ie craindrois que peut-eftre
A quelques yeux fufpects tu me fiffes connoiftre.

LA MONTAGNE.

Mais....

ERASTE.

Ie ne le veux pas.

LA MONTAGNE.

Ie dois fuiure vos loix :
Mais au moins fi de loin....

ERASSTE.

Te tairas-tu, vingt fois?
Et ne veux-tu iamais quitter cette methode,
De te rendre, à toute heure, vn valet incommode!

COMEDIE.

SCENE II.

CARITIDES, ERASTE.

CARITIDES.

Monsieur, le temps repugne à l'honneur de voir.
Le matin est plus propre à rendre vn tel deuoir :
Mais de vous rencontrer il n'est pas bien facile ;
Car vous dormez toûjours, où vous estes en ville ;
Au moins, Messieurs vos gens me l'asseurent ainsy,
Et i'ay, pour vous trouuer, pris l'heure que voicy.
Encor est-ce vn grand heur, dont le destin m'honnore ;
Car deux momens plus tard, ie vous manquois encore.

ERASTE.

Monsieur, souhaitez-vous quelque chose de moy ?

CARITIDES.

Ie m'acquitte, Monsieur, de ce que ie vous doy ;
Et vous viens... Excusez l'audace, qui m'inspire,
Si...

ERASTE.

Sans tant de façons, qu'auez-vous à me dire ?

CARITIDES.

Comme le rang, l'esprit, la generosité,
Que chacun vante en vous...

ERASTE.

Ouy ie suis fort vanté,
Passons, Monsieur.

CARITIDES.

Monsieur, c'est vne peine extréme,
Lors qu'il faut à quelqu'vn se produire soy-mesme,
Et toûjours, prés des Grans on doit estre introduit,
Par des gens, qui de nous fassent vn peu de bruit;
Dont la bouche écoutée, auecque poids debite,
Ce qui peut faire voir nostre petit merite:
Enfin i'aurois voulu que des gens bien instruits,
Vous eussent pû, Monsieur, dire ce que ie suis.

ERASTE.

Ie vois assez, Monsieur, ce que vous pouuez estre,
Et vostre seul abord le peut faire connoistre.

CARITIDES.

Ouy ie suis vn sçauant charmé de vos vertus.
Non pas de ces sçauans, dont le nom n'est qu'en vs:
Il n'est rien si commun, qu'vn nom à la Latine.
Ceux qu'on habille en Grec ont bien meilleure
   mine;

Et pour en auoir vn qui se termine en es,
Ie me fais appeller Monsieur Caritides.

ERASTE.

Monsieur Caritides soit, qu'auez-vous à dire ?

CARITIDES.

C'est vn placet, Mõsieur, que ie voudrois vous lire;
Et que dans la posture, où vous met vostre employ,
I'ose vous conjurer de presenter au Roy.

ERASTE.

Hé ! Monsieur, vous pouuez le presenter vous-
  mesme.

CARITIDES.

Il est vray que le Roy fait cette grace extréme;
Mais par ce mesme excés de ses rares bontez,
Tant de méchans placets, Monsieur, sont presentez,
Qu'ils estouffent les bons, & l'espoir où ie fonde,
Est qu'on donne le mien, quand le Prince est sans
  monde.

ERASTE.

Et bien vous le pouuez, & prendre vostre temps.

CARITIDES.

Ah Monsieur ! les Huissiers sont de terribles gens;
Ils traitent les Sçauans de faquins à nasardes;
Et ie n'en puis venir qu'à la salle des Gardes.

LES FASCHEUX,
Les mauuais traitements qu'il me faut endurer,
Pour iamais de la Cour me feroient retirer,
Si ie n'auois conçeu l'esperance certaine,
Qu'aupres de nostre Roy vous serez mon Mecene.
Ouy vostre credit m'est vn moyen asseuré......

ERASTE.

Et bien donnez-moy donc, ie le presenteray.

CARITIDES.

Le voicy ; mais au moins oyez-en la lecture.

ERASTE.

Non.......

CARITIDES.

C'est pour estre instruit, Monsieur, ie vous coniure.

AV ROY.

S IRE,
    Vostre tres-humble, tres-obeïssant, tres-fidelle, & tres-sçauant subjet & seruiteur Caritides, François de nation, Grec de profession ; Ayant consideré les grans & notables abus, qui se commet-
tent

COMEDIE.

tent aux inscriptions des enseignes des Maisons, Boutiques, Cabarets, Ieux de Boule, & autres lieux de vostre bonne Ville de Paris; en ce que certains ignorans compositeurs desdites inscriptions, renuersent, par vne barbare, pernicieuse & detestable ortographe toute sorte de sens & raison, sans aucun égard d'Etimologie, Analogie, Energie, ny Allegorie quelconque; au grand scandale de la Republique des Lettres, & de la nation Françoise, qui se décrie & deshonore par lesdits abus, & fautes grossieres, enuers les Estrangers; & notamment enuers les Allemans, curieux lecteurs, & inspectateurs desdites inscriptions.

ERASTE.

Ce Placet est fort long & pourroit bien fâcher......

CARITIDES.

Ah! Monsieur pas vn mot ne s'en peut retrancher.

ERASTE.

Acheuez promptement.

CARITIDES continuë.

Supplie humblement Vostre Majesté de créer, pour le bien de son Estat, & la gloire de

LES FASCHEVX,

son Empire, vne Charge de Controlleur, Intendant, Correcteur, Reuiseur, & Restorateur general desdites inscriptions; & d'icelle honnorer le suppliant, tant en consideration de son rare & eminent sçauoir, que des grands & signalez seruices qu'il a rendus à l'Estat, & à vostre Majesté, en faisant l'Anagramme de vostredite Majesté en François, Latin, Grec, Hebreu, Siriaque, Caldeen, Arabe.....

ERASTE l'interrompant.

Fort bien : donne-le viste, & faites la retraite :
Il sera veu du Roy, c'est vne affaire faite.

CARITIDES.

Helas! Monsieur, c'est tout que monstrer mō placet.
Si le Roy le peut voir, ie suis seur de mon fait :
Car comme sa justice en toute chose est grande,
Il ne pourra iamais refuser ma demande.
Au reste, pour porter au Ciel vostre renom,
Donnez-moy par écrit vostre nom, & sur-nom,
I'en veux faire vn poëme, en forme d'acrostiche,
Dans les deux bouts du Vers, & dans chaque hemistiche.

ERASTE.

Ouy, vous l'aurez demain, Monsieur Caritides.
Ma foy de tels sçauants sont des asnes bien faits.
I'aurois dans d'autres temps bien ry de sa sottise

COMEDIE.

SCENE III.

ORMIN, ERASTE.

ORMIN.

Bien qu'vne grãde affaire en ce lieu me cõduiſe,
I'ay voulu qu'il ſortiſt, auant que vous parler.

ERASTE.

Fort bien, mais dépeſchons, car ie veux m'en aller.

ORMIN.

Ie me doute à peu prés que l'hõme qui vous quitte
Vous a fort ennuyé, Monſieur, par ſa viſite.
C'eſt vn vieux importun, qui n'a pas l'eſprit ſain,
& pour qui i'ay touſiours quelque defaite en main.
Au Mail, à Luxembourg, & dans les Thuilleries,
Il fatigue le monde, auec ſes réveries :
Et des gens, comme vous, doiuent fuir l'entretien,
De tous ces ſçauants, qui ne ſont bons à rien.
Pour moy ie ne crains pas, que ie vous importune,
Puiſque ie viens, Monſieur, faire voſtre fortune.

ERASTE.

Voicy quelque ſoufleur, de ces gens qui n'ont rien,
Et vous viennent touſiours promettre tant de bien.

LES FASCHEVX,

Vous auez fait, Monsieur, cette beniue pierre,
Qui peut, seule, enrichir tous les Roys de la terre.

ORMIN.

La plaisante pensée, helas, ou vous voilà !
Dieu me garde, Monsieur, d'estre de ces foux-là.
Ie ne me repais point de visions friuoles,
Et ie vous porte icy les solides paroles,
D'vn auis, que pour vous ie veux donner au Roy ;
Et que tout cacheté ie conserue sur moy.
Non de ces sots projets, de ces chimeres vaines,
Dont les Sur-intendants ont les oreilles pleines ;
Non de ces gueux d'auis, dont les pretentions
Ne parlent que de vingt, ou trente millions :
Mais vn, qui tous les ans, à si peu qu'on le monte,
En peut donner au Roy quatre cent, de bon conte :
Auec facilité, sans risque, ny soupçon,
Et sans fouler le peuple en aucune façon.
Enfin c'est vn auis d'vn gain inconceuable,
Et que du premier mot on trouuera faisable.
Ouy, pourueu que par vous ie puisse estre poussé...

ERASTE.

Soit, nous en parlerons, ie suis vn peu pressé.

ORMIN.

Si vous me promettiez de garder le silence,
Ie vous découurirois cét auis d'importance.

ERASTE.

Non, non, ie ne veux point sçauoir vostre secret.

COMEDIE.

ORMIN.

Monsieur, pour le trahir, ie vous croy trop discret,
Et veux, auec franchise, en deux mots vous l'appren-
dre.
Il faut voir si quelqu'vn ne peut point nous entédre.
Cét auis merueilleux, dont ie suis l'inuenteur,
Est que......

ERASTE.

D'vn peu plus loin, & pour cause, Monsieur.

ORMIN.

Vous voyez le grand gain, sans qu'il faille le dire,
Que de ces ports de mer le Roy tous les ans tire.
Or l'auis dont encor nul ne s'est auisé,
Est qu'il faut de la France, & c'est vn coup aisé,
En fameux ports de mer, mettre toutes les costes.
Ce seroit pour monter à des sommes tres-hautes,
Et si......

ERASTE.

L'auis est bon, & plaira fort au Roy.
Adieu, nous nous verrons.

ORMIN.

Au moins appuyez-moy,
Pour en auoir ouuert les premieres paroles.

ERASTE.

Ouy, ouy.

LES FASCHEVX,

ORMIN.

Si vous vouliez me prester deux pistoles,
Que vous reprendriez sur le droit de l'auis,
Monsieur......

ERASTE.

Ouy volontiers. Plust à Dieu, qu'à ce prix,
De tous les Importuns ie pusse me voir quitte!
Voyez quel contretemps prend icy leur visite!
Ie pense qu'à la fin ie pourray bien sortir.
Viendra-t-il point quelqu'vn encor me diuertir?

COMEDIE.

SCENE IV.

FILINTE, ERASTE.

FILINTE.

Marquis, ie viens d'apprendre vne estrange nouuelle.

ERASTE.

Quoy?

FILINTE.

Qu'vn homme, tantost, t'a fait vne querelle.

ERASTE.

A moy?

FILINTE.

Que te sert-il de le dissimuler?
Ie sçay de bonne part qu'on t'a fait appeller;
Et comme ton amy, quoy qu'il en réussisse,
Ie te viens, contre tous, faire offre de seruice.

ERASTE.

Ie te suis obligé; mais croy que tu me fais....

FILINTE.

Tu ne l'auoüeras pas, mais tu sors sans valets;

LES FASCHEVX.

Demeure dans la ville, ou gagne la campagne ;
Tu n'iras nulle part que ie ne t'accompagne.

ERASTE.

Ah i'enrage !

FILINTE.

   A quoy bon de te cacher de moy ?

ERASTE.

Ie te iure, Marquis, qu'on s'est moqué de toy.

FILINTE.

En vain tu t'en deffens.

ERASTE.

     Que le Ciel me foudroye,
Si d'aucun démeslé.....

FILINTE,

     Tu penses qu'on te croye ?

ERASTE.

Eh mon Dieu ! ie te dis, & ne deguise point,
Que.........

FILINTE.

Ne me crois pas dupe, & credule à ce point,

COMEDIE.

ERASTE.
Veux-tu m'obliger?

FILINTE.
Non.

ERASTE.
      Laisse-moy, ie te prie.

FILINTE.
Point d'affaire, Marquis.

ERASTE.
      Vne galanterie,
En certain lieu, ce soir....

FILINTE.
      Ie ne te quitte pas;
En quel lieu que se soit, ie veux suiure tes pas.

ERASTE.
Parbleu, puisque tu veux que i'aye vne querelle,
Ie consens à l'auoir pour contenter ton zele:
Ce sera contre toy qui me fais enrager,
Et dont ie ne me puis par douceur degager.

FILINTE.

C'est fort mal d'vn amy receuoir le seruice:
Mais, puisque ie vous rens vn si mauuais office,
Adieu, vuidez sans moy tout ce que vous aurez.

ERASTE.

Vous serez mon amy quand vous me quitterez,
Mais voyez quels malheurs suiuent ma destinée!
Ils m'auront fait passer l'heure qu'on m'a donnée.

COMEDIE. 71

SCENE V.
DAMIS, L'ESPINE, ERASTE, LA RIVIERE.

DAMIS.

Qvoy, malgré moy, le traistre espere l'obtenir?
Ah! mon iuste courroux le sçaura preuenir.

ERASTE.

I'entreuoy-là quelqu'vn sur la porte, l'esclaire.
Quoy toûjours quelque obstacle au bien qu'elle authorise!

DAMIS.

Ouy, i'ay sceu que ma Niece, en dépit de mes soins,
Doit voir ce soir chez elle Eraste sans tesmoins.

LA RIVIERE.

Qu'entens-ie à ces gens-là dire de nostre Maistre?
Approchons doucement, sans nous faire connoistre.

DAMIS.

Mais auant qu'il ait lieu d'acheuer son dessein,
Il faut, de mille coups, percer son traistre sein.

LES FASCHEVX,

Va-t'en faire venir ceux que ie viens de dire,
Pour les mettre en embuche aux lieux que ie desire;
Afin, qu'au nom d'Eraste, on soit prest à vanger
Mon honneur, que ses feux ont l'orgueil d'outrager;
A rompre vn rendez-vous, qui dãs ce lieu l'appelle,
Et noyer dans son sang sa flame criminelle.

LARIVIERE *l'attaquant auec ses compagnons.*

Auant qu'à ses fureurs on puisse l'immoler,
Traistre tu trouueras en nous à qui parler.

ERASTE *mettant l'espée à la main.*

Bien qu'il m'ait voulu perdre, vn point d'honneur
De .... cle de ma Maistresse.
Ie su........... sieur.

DAMIS *apres leur fuite.*

O Ciel, par quel secours,
D'vn trépas asseuré vois-ie sauuer mes iours!
A qui suis-ie obligé d'vn si rare seruice?

ERASTE.

Ie n'ay fait, vous seruant, qu'vn acte de iustice.

DAMIS.

Ciel! puis-ie à mon oreille adjouster quelque foy?
Est-ce la main d'Eraste....

ERASTE.

Ouy, ouy, Monsieur, c'est moy.

Trop

COMEDIE. 73

Trop heureux, que ma main vous ait tiré de peine,
Trop malheureux d'auoir merité voſtre haine.

DAMIS.

Quoy celuy, dont i'auois reſolu le trépas,
Eſt celuy, qui pour moy, vient d'employer ſon bras?
Ah! c'en eſt trop, mon cœur eſt contraint de ſe rendre ;
Et quoy que voſtre amour, ce ſoir, ait pû pretendre
Ce trait ſi ſurprenant de generoſité,
Doit étoufer en moy toute animoſité.
Ie rougis de ma faute, & blaſme mon caprice.
Ma hayne, trop long-temps, vous a fait iniuſtice ;
Et pour la condamner par vn écla[...]
Ie vous ioins, dés ce ſoir, à l'o[...]

LES FASCHEVX,

SCENE VI.

ORPHISE, DAMIS, ERASTE, suitte.

*ORPHISE venant auec vn flambeau
d'argent à la main.*

Monsieur, quelle auanture a d'vn trouble ef-

DAMIS.

Ma Niece elle n'a rien que de tres-agreable,
Puis qu'apres tant deveux que i'ay blâmez en vous,
C'est elle qui vous donne Eraste pour Espoux.
Son bras a repoussé le trépas, que i'éuite;
Et ie veux, enuers luy, que vostre main m'acquitte.

ORPHISE.

Si c'est pour luy payer ce que vous luy deuez,
I'y consens, deuant tout, aux iours qu'il a sauuez.

ERASTE.

Mon cœur est si surpris d'vne telle merueille,
Qu'en ce rauissement, ie doute, si ie veille.

COMEDIE.

DAMIS.

Celebrons l'heureux sort, dont vous allez ioüir;
Et que nos violons viennent nous réioüir.
Comme les Violons veulent iouër, on frappe fort à la porte.

ERASTE.

Qui frappe là si fort.

L'ESPINE.

Monsieur ce sont des Masques,
Qui portent des crin-crins, & des tambours de
Basques.
Les Masques entrent qui occupent toute la place.

ERASTE.

Quoy tousiours des Fascheux, hola Suisses icy,
Qu'on me fasse sortir ces gredins que voicy.

FIN.

LES FASCHEVX,

BALLET
Du troisiéme Acte.

PREMIERE ENTREE.

Des Suisses auec des halebardes chassent tous les Masques Fascheux, & se retirent ensuite pour laisser danser à leur aise.

DERNIERE ENTREE.

Quatre Bergers, & vne Bergere, qui au sentiment de tous ceux qui l'ont veuë, ferme le diuertissement d'assez bonne grace.

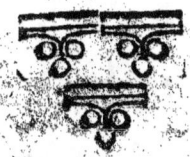

EXTRAIT DV PRIVILEGE du Roy.

PAr Grace & Priuilege du Roy donné à Paris le 5. Feurier, signé BOVCHET: Il est permis au Sieur MOLIERE de faire imprimer vne Piece de Theatre de sa composition, intitulée *les Fascheux*, pendant l'espace de cinq années; Et deffences sont faites à tous autres de l'imprimer, sur peine de cinq cens liures d'amande, de tous despens, dommages & interests, comme est porté plus amplement par lesdites Lettres.

Et ledit Sieur de MOLIERE *a cedé & transporté le droit du Priuilege à* GVILLAVME DE LVYNE, *Marchand Libraire à Paris, pour en iouïr le temps porté par iceluy.*

Et ledit de Luyne a fait part du presént Priuilege à Charles de Sercy, Iean Guignard, Claude Barbin, & Gabriel Quinet, pour en ioüir coniointement.

Acheué d'imprimer le 18. Feurier 1662.

Regiſtré ſur le Liure de la Communauté le 13. Feurier 1662.

Signé DVBRAY, Syndic.

Les Exemplaires ont eſté fournis.

www.ingramcontent.com/pod-product-compliance
Lightning Source LLC
LaVergne TN
LVHW050607090426
835512LV00008B/1385